Héloïse Martel

Cakes salés et sucrés

Photographies de Bernard Radvaner

Stylisme d'Anne-Sophie Lhomme

ISBN : 978-2-7540-0281-3
Dépôt légal : 4e trimestre 2006
Imprimé en France - L48587
Conception graphique : Istria
Photos : © Bernard Radvaner
Pictogrammes des recettes : Pascale Etchecopar

Nous nous efforçons de publier des ouvrages qui correspondent à vos attentes et votre satisfaction est pour nous une priorité. Alors, n'hésitez pas à nous faire part de vos commentaires :

Éditions Générales First
60, rue Mazarine
75006 Paris – France
e-mail : firstinfo@efirst.com
Site internet : www.efirst.com

Sommaire

Introduction

Vous cherchez quelques recettes inratables à déguster du petit-déjeuner au dîner ? Pour le brunch du dimanche, pour les pique-niques de l'été, pour les goûters réconfortants de l'hiver, pour les apéritifs entre amis, pour les dîners en famille, pour une petite faim dans la journée, pour la pause déjeuner au bureau, pour accompagner une glace ou une salade de fruits au dessert...

Vous collectionnez les recettes simples à réaliser et économique ? Vous voulez des recettes qui plaisent à toute votre famille et qui séduisent aussi vos amis ? Quel est ce plat qui s'adapte à toutes les circonstances, qui évoque les souvenirs d'enfance, mais qui sait aussi très bien être tendance ? C'est sa majesté le Cake. Salé ou sucré, chaud ou froid, le cake figure au hit-parade de nos plats préférés.

Rien de plus simple que la préparation d'un cake ; mais pour un résultat parfait, voici quelques recommandations :

- Farinez légèrement les ingrédients comme les fruits frais ou secs, les lardons, le fromage, etc., avant de les incorporer à la pâte ; sinon, ils tombent au fond du moule.

- Mélangez énergiquement à la cuillère en bois ou au fouet les ingrédients de base afin que la pâte soit parfaitement homogène.

- Prenez un moule adapté aux quantités d'ingrédients indiquées ; un moule de 22 à 24 cm de long convient pour 4 à 6 personnes.

Les moules souples en silicone permettent un démoulage impeccable mais attention : posez-les sur la grille du four avant de les remplir ! Pensez aux petits moules à cake individuels ou aux moules à muffins, qui permettent une présentation raffinée, pour le petit déjeuner, le thé ou l'apéritif, par exemple.

- Beurrez légèrement le moule afin de pouvoir démouler le cake sans problème.

- Le temps de cuisson est variable selon les fours, les moules et les préparations. Nous avons indiqué une durée moyenne de 45 minutes, mais nous vous conseillons de toujours vérifier la cuisson en plongeant la lame d'un couteau au centre du cake. Si la lame ressort sèche, le cake est cuit. Sinon, prolongez la cuisson de quelques minutes.

- Laissez tiédir ou refroidir le cake de préférence sur une grille afin que la vapeur s'en échappe uniformément.

Gros cake pour grande table, petits cakes individuels pour buffet, tranches ou bouchées pour l'apéritif, à vous de choisir la présentation qui vous convient.

À côté de l'excellentissime et incontournable cake anglais, découvrez dans ce livre 52 recettes de cakes à dévorer à toute heure !

Cake crabe, baies roses et aneth

bon marché • facile à réaliser • préparation : 15 min • cuisson : 45 min • pour 4 à 6 personnes

1 saladier
1 moule à cake

- 150 g de farine
- 1 sachet de levure
- 3 œufs
- 10 cl d'huile + 2 cuil. à soupe pour le moule
- 10 cl de lait
- 200 g de chair de crabe
- 4 cuil. à soupe de baies roses
- 1 bouquet d'aneth
- sel, poivre

1. Préchauffez le four à 180 °C (th. 6). Huilez un moule à cake. Émiettez le crabe et ciselez l'aneth.
2. Cassez les œufs dans un saladier, ajoutez du sel, du poivre, la farine et la levure. Battez au fouet, puis versez le lait et l'huile. Incorporez le crabe, les baies roses et l'aneth ciselé.
3. Versez dans le moule et faites cuire pendant 45 minutes.
4. Laissez reposer le cake pendant 10 minutes, puis démoulez-le et laissez-le refroidir sur une grille.

variante

Ajoutez des dés de tomate à la pâte.

truc de cuisinier

Servez avec une sauce citronnette, préparée en mélangeant 20 cl de crème fleurette avec le jus d'un citron, du sel et du poivre.

Cake chorizo, poivron et safran

bon marché • facile à réaliser • préparation : 15 min • cuisson : 45 min • pour 4 à 6 personnes

1 saladier
1 moule à cake

200 g de farine
1 sachet de levure
3 œufs
10 cl de lait
10 cl d'huile d'olive + 2 cuil. à soupe pour le moule
200 g de chorizo fort ou doux
1 poivron vert
1 dose de safran
sel, poivre

1 Préchauffez le four à 180 °C (th. 6). Huilez un moule à cake.

2 Pelez le poivron avec un couteau économe, épépinez-le et détaillez-le en dés. Coupez le chorizo en rondelles, réservez-en quelques-unes, puis coupez chaque rondelle en quatre. Farinez ces morceaux ainsi que les dés de poivron.

3 Battez les œufs dans un saladier, ajoutez la farine, la levure, du sel, du poivre et le safran. Ajoutez l'huile et le lait, mélangez bien pour obtenir une pâte homogène, puis incorporez les morceaux de chorizo et les dés de poivron.

4 Versez la préparation dans le moule. Décorez le dessus avec les tranches de chorizo réservées et faites cuire pendant 45 minutes environ. Laissez reposer pendant 10 minutes puis démoulez. Laissez tiédir sur une grille.

variante

Remplacez le poivron par des olives.

truc de cuisinier

Accompagnez ce cake d'un coulis de tomates aux herbes préparé en mixant le contenu d'une boîte de tomates pelées au naturel avec du basilic, de l'estragon, de la ciboulette, du persil, du sel, du poivre et une cuillerée à café de sucre.

Cake parmesan et tomates confites

bon marché • facile à réaliser • préparation : 15 min • cuisson : 45 min • pour 4 à 6 personnes

1 saladier
1 moule à cake

200 g de farine
1 sachet de levure
3 œufs
10 cl de lait
10 cl d'huile d'olive
150 g de parmesan râpé
3 cuil. à soupe de tomates confites
20 g de beurre
sel, poivre

1 Préchauffez le four à 180 °C (th. 6). Beurrez un moule à cake. Coupez les tomates confites en petits dés, enrobez-les d'un peu de farine.

2 Battez les œufs dans un saladier, ajoutez la farine, la levure, du sel et du poivre. Ajoutez l'huile, le lait, le parmesan râpé et les morceaux de tomate.

3 Versez la préparation dans le moule et faites cuire pendant 45 minutes environ. Laissez reposer pendant quelques minutes, puis démoulez le cake.

4 Laissez refroidir le cake sur une grille et servez-le froid.

variante

Ajoutez des olives vertes et noires.

truc de cuisinier

Servez ce cake découpé en tranches sur une salade de roquette assaisonnée d'huile d'olive.

Cake chèvre, figues et noix

bon marché • facile à réaliser • préparation : 15 min • cuisson : 45 min • pour 4 à 6 personnes

1 saladier
1 moule à cake

200 g de farine
1 sachet de levure
3 œufs
10 cl de lait
10 cl d'huile
1 chèvre bûche
4 figues fraîches
100 g de cerneaux de noix
20 g de beurre
sel, poivre

Préchauffez le four à 180 °C (th. 6). Beurrez un moule à cake.

Coupez le chèvre en dés, concassez grossièrement les cerneaux de noix. Lavez et essuyez les figues, coupez-les en petits morceaux. Farinez-les.

Battez les œufs dans un saladier, ajoutez la farine, la levure, du sel et du poivre. Ajoutez l'huile et le lait, mélangez pour obtenir une pâte homogène. Incorporez les noix, le chèvre et les morceaux de figue.

Versez la préparation dans le moule et faites cuire pendant 45 minutes environ. Laissez en attente pendant 10 minutes, puis démoulez et laissez tiédir.

Cake lardons, bleu et pruneaux

bon marché • facile à réaliser • préparation : 15 min • cuisson : 45 min • pour 4 à 6 personnes

1 saladier
1 moule à cake

200 g de farine
1 sachet de levure
3 œufs
10 cl de lait
10 cl d'huile + 2 cuil. à soupe pour le moule
150 g de bleu
100 g d'allumettes de lard fumé
12 pruneaux
100 g de gruyère râpé
sel, poivre

Préchauffez le four à 180 °C (th. 6). Huilez un moule à cake.

Dénoyautez les pruneaux et coupez-les en morceaux. Farinez-les ainsi que les allumettes de lard.

Battez les œufs au fouet avec un peu de sel et de poivre, puis ajoutez la farine et la levure, le lait et l'huile. Écrasez le bleu, incorporez-le, puis ajoutez les morceaux de pruneau et les allumettes de lard.

Versez la pâte dans le moule, saupoudrez de gruyère râpé et enfournez. Faites cuire pendant 45 minutes puis laissez en attente pendant 10 minutes avant de démouler. Servez tiède.

Cake thon, poivrons et olives

bon marché • facile à réaliser • préparation : 20 min • cuisson : 45 min • pour 4 à 6 personnes

1 saladier
1 moule à cake

150 g de farine
1 sachet de levure
3 œufs
200 g de thon au naturel
2 cuil. à café d'olives vertes dénoyautées
1/2 poivron rouge
1/2 poivron jaune
1/2 poivron vert
2 pincées de piment d'Espelette
10 cl d'huile d'olive + 2 cuil. à soupe pour le moule
10 cl de lait
sel

1 Préchauffez le four à 180 °C (th. 6). Huilez un moule à cake.

2 Faites griller les poivrons dans le four jusqu'à ce que la peau soit noire, puis enfermez-les dans un sac en plastique pendant 20 minutes. Pelez-les, épépinez-les et coupez-les en dés puis farinez-les. Émiettez le thon.

3 Cassez les œufs dans un saladier, battez-les avec la farine, la levure, un peu de sel et le piment. Ajoutez le lait et l'huile, mélangez pour obtenir une pâte bien lisse, puis incorporez les dés de poivron, les olives et le thon.

4 Versez la préparation dans le moule et faites cuire pendant 45 minutes. Démoulez et laissez refroidir sur une grille.

variante

Vous pouvez aussi utiliser du thon frais que vous ferez pocher pendant 15 minutes dans de l'eau bouillante salée.

truc de cuisinier

Si vous servez le cake en apéritif, coupez-le en tranches épaisses, puis coupez chaque tranche en cube, piquez chaque cube d'un bâtonnet en bois.

Cake figues et jambon cru

bon marché • facile à réaliser • préparation : 15 min • cuisson : 45 min • pour 4 à 6 personnes

1 saladier
1 moule à cake

200 g de farine
1 sachet de levure
3 œufs
100 g de gruyère râpé
10 cl d'huile d'olive + 2 cuil. à soupe pour le moule
10 cl de lait
4 figues fraîches
200 g de jambon cru
sel, poivre

1. Préchauffez le four à 180 °C (th. 6). Huilez un moule à cake.

2. Lavez et essuyez les figues, coupez-les en lamelles. Coupez le jambon en lanières.

3. Versez la farine et la levure dans un saladier, cassez les œufs, battez au fouet et versez successivement l'huile et le lait. Salez et poivrez. Incorporez les figues, le jambon et le gruyère.

4. Versez la pâte dans le moule et faites cuire pendant 45 minutes. Démoulez et laissez refroidir sur une grille. Servez froid.

variante

Ajoutez des dés de mozzarella à la pâte.

truc de cuisinier

Choisissez des figues violettes lisses et fermes au toucher et accompagnez ce cake d'un coulis de tomates aux herbes (recette page 8).

Cake roquefort, raisins et noix

bon marché • facile à réaliser • préparation : 15 min • cuisson : 45 min • pour 4 à 6 personnes

1 bol
1 saladier
1 moule à cake

200 g de farine
1 sachet de levure
200 g de crème fraîche
3 œufs
150 g de roquefort
70 g de raisins secs
100 g de cerneaux de noix
20 g de beurre
poivre du moulin

1 Mettez les raisins secs dans un bol, recouvrez-les d'eau chaude. Préchauffez le four à 210 °C (th. 7). Beurrez un moule à cake.

2 Coupez le roquefort en petits morceaux. Concassez grossièrement les cerneaux de noix. Farinez-les.

3 Mélangez dans un saladier la farine, la levure, les œufs entiers et la crème. Quand la pâte est homogène, poivrez et ajoutez les petits morceaux de roquefort. Égouttez les raisins et incorporez-les à la pâte ainsi que les noix.

4 Versez la pâte dans le moule, enfournez et laissez cuire pendant 45 minutes. Laissez reposer pendant 5 minutes, puis démoulez. Servez chaud ou tiède.

variante

Remplacez les raisins par des morceaux de poire ou de pruneau. Vous pouvez aussi faire tremper les raisins dans deux cuillerées à soupe de cognac.

truc de cuisinier

Utilisez de la farine tamisée et mélangez-la à la levure afin d'éviter les grumeaux.

Cake crevettes, petits pois et curry

bon marché • facile à réaliser • préparation : 15 min • cuisson : 40 min • pour 4 à 6 personnes

1 saladier
1 moule à cake

200 g de farine
1 sachet de levure
3 œufs
150 g de crevettes décortiquées crues
100 g de petits pois écossés crus
1 cuil. à café de curry
4 cuil. à soupe d'huile
sel, poivre, noix de muscade

Préchauffez le four à 180 °C (th. 6). Huilez un moule à cake.

Battez les œufs dans un saladier, incorporez la farine et la levure, un peu de sel et de poivre, douze pincées de noix de muscade, le curry et l'huile.

Mélangez bien puis ajoutez les petits pois et les crevettes.

Versez la pâte dans le moule et laissez cuire pendant 40 minutes. Laissez refroidir environ 10 minutes, puis démoulez le cake et laissez-le tiédir sur une grille.

Cake gouda et cumin

bon marché • facile à réaliser • préparation : 15 min • cuisson : 45 min • pour 4 à 6 personnes

1 saladier
1 moule à cake

200 g de farine
1 sachet de levure
3 œufs
10 cl de lait
10 cl d'huile
150 g de gouda
1 cuil. à soupe de graines de cumin
20 g de beurre
sel, poivre

Préchauffez le four à 180 °C (th. 6). Beurrez un moule à cake.

Coupez le gouda en petits dés, farinez-les.

Battez les œufs dans un saladier, ajoutez la farine, la levure, du sel et du poivre. Ajoutez l'huile, le lait, le gouda et le cumin.

Versez la préparation dans le moule et faites cuire pendant 45 minutes environ. Laissez reposer pendant 5 minutes, puis démoulez et laissez refroidir sur une grille.

Cake saumon et estragon

bon marché • facile à réaliser • préparation : 10 min • cuisson : 45 min • pour 4 à 6 personnes

1 casserole
1 saladier
1 moule à cake

400 g de saumon frais

2 cuil. à soupe rases de Maïzena

4 œufs

20 cl de lait

2 cuil. à soupe de crème

3 gouttes de Tabasco

6 branches d'estragon

2 cuil. à soupe d'huile

sel, poivre

1 Faites pocher le saumon dans de l'eau bouillante salée pendant 10 minutes, puis égouttez-le et laissez-le refroidir. Émiettez-le. Ciselez les feuilles d'estragon.

2 Préchauffez le four à 180 °C (th. 6). Huilez un moule à cake.

3 Cassez les œufs dans un saladier, ajoutez la Maïzena, le lait, la crème, le Tabasco, du sel, du poivre, les feuilles d'estragon et enfin le saumon.

4 Versez la préparation dans le moule et faites cuire pendant 40 minutes. Laissez reposer pendant 15 minutes, puis démoulez et laissez refroidir.

variante

Ajoutez à la pâte deux cuillerées à café de concentré de tomates, ou une cuillerée à soupe de curry en poudre. Remplacez l'estragon par de l'aneth.

truc de cuisinier

Servez avec une sauce au yaourt faite en fouettant deux yaourts avec le jus d'un citron, du sel, du poivre et des feuilles d'estragon ciselées.

Cake magrets et pignons

bon marché • facile à réaliser • préparation : 15 min • cuisson : 45 min • pour 4 à 6 personnes

1 saladier
1 moule à cake

200 g de farine
1 sachet de levure
3 œufs
10 cl de lait
10 cl d'huile d'olive
1 sachet de magret de canard fumé (180 g)
100 g de pignons de pin
20 g de beurre
sel, poivre

1 Préchauffez le four à 180 °C (th. 6). Beurrez un moule à cake.

2 Débarrassez les magrets de leur gras, coupez chaque tranche en deux ou trois. Farinez-les.

3 Battez les œufs dans un saladier, ajoutez la farine, la levure et un peu de sel et de poivre. Ajoutez l'huile et le lait, mélangez bien. Incorporez les lamelles de magret et les pignons.

4 Versez la préparation dans le moule et faites cuire pendant 45 minutes environ. Laissez reposer quelques minutes puis démoulez. Servez tiède.

variante

Ajoutez des dés de poivron rouge.

truc de cuisinier

Servez ce cake avec une confiture de tomates préparée en faisant cuire à très petit feu pendant 45 minutes 2 kg de tomates et 500 g de pommes épluchées et coupées en morceaux avec le jus d'un citron et 200 g de sucre en poudre.

Cake chèvre et menthe

bon marché • facile à réaliser • préparation : 15 min • cuisson : 45 min • pour 4 à 6 personnes

1 saladier
1 moule à cake

200 g de farine
1 sachet de levure
3 œufs
10 cl d'huile d'olive + 2 cuil. à soupe pour le moule
10 cl de lait
200 g de chèvre
1 bouquet de menthe
sel, poivre

1. Préchauffez le four à 180 °C (th. 6). Huilez un moule à cake. Coupez le chèvre en dés. Hachez la menthe.

2. Battez les œufs dans un saladier, ajoutez un peu de sel et de poivre, la farine, la levure, puis l'huile et le lait. Fouettez pour obtenir une pâte lisse, puis incorporez la menthe.

3. Versez la moitié de la pâte dans le moule, répartissez les dés de chèvre, recouvrez de pâte et enfournez. Laissez cuire pendant 45 minutes.

4. Laissez reposer environ 10 minutes puis démoulez. Servez ce cake froid.

variante

Ajoutez quelques tomates pelées coupées en petits dés.

truc de cuisinier

Accompagnez ce cake d'une salade de tomates et de concombre.

Cake artichauts, poivron et olives

bon marché • facile à réaliser • préparation : 15 min • cuisson : 1 h • pour 4 à 6 personnes

1 casserole
1 saladier
1 moule à cake

200 g de farine
1 sachet de levure
3 œufs
3 cuil. à soupe d'huile pour le moule
200 g de fonds d'artichaut surgelés
50 g d'olives vertes
1 poivron rouge
sel, poivre

Faites cuire les fonds d'artichaut à l'eau bouillante salée pendant 20 minutes. Égouttez-les et coupez-les en dés. Farinez-les. Pelez le poivron, épépinez-le et enlevez les parties blanches. Coupez-le en dés, farinez-les. Dénoyautez les olives.

Préchauffez le four à 180 °C (th. 6). Huilez un moule à cake.

Mettez les œufs dans un saladier, battez-les, puis ajoutez la farine et la levure, un peu de sel et de poivre. Fouettez pour obtenir une pâte homogène. Transvasez la moitié de la pâte dans le moule, répartissez les morceaux d'artichaut, les lanières de poivron et les olives, puis recouvrez avec le reste de pâte.

Faites cuire environ 45 minutes. Laissez reposer pendant 10 minutes, puis démoulez le cake encore chaud et laissez-le refroidir avant de le déguster.

Cake poulet, olives et ciboulette

bon marché • facile à réaliser • préparation : 15 min • cuisson : 45 min • pour 4 à 6 personnes

1 saladier
1 moule à cake

200 g de farine
1 sachet de levure
3 œufs, 10 cl de lait
10 cl d'huile + 2 cuil. à soupe pour le moule
200 g de blanc de poulet fumé cuit
4 cuil. à soupe d'olives vertes dénoyautées
1 bouquet de ciboulette
sel, poivre

Préchauffez le four à 180 °C (th. 6). Huilez un moule à cake.

Coupez le poulet en petits dés, coupez les olives en rondelles et farinez-les. Ciselez la ciboulette.

Battez les œufs dans un saladier, ajoutez la farine et la levure, puis délayez avec le lait et l'huile. Salez, poivrez, mélangez bien pour obtenir une pâte homogène. Ajoutez le poulet, les olives et la ciboulette.

Versez la pâte dans le moule et faites cuire pendant 45 minutes. Laissez reposer pendant 10 minutes, démoulez et déposez sur une grille. Servez froid.

Cake bacon, comté et tomates

bon marché • facile à réaliser • préparation : 15 min • cuisson : 45 min • pour 4 à 6 personnes

1 poêle
1 bol
1 casserole
1 saladier
1 moule à cake

200 g de farine
1 sachet de levure
2 œufs
10 cl de lait
100 g de comté râpé
8 tranches de bacon
2 cuil. à soupe de tomates confites
100 g de beurre + 20 g pour le moule
1 botte de ciboulette
sel, poivre

1 Préchauffez le four à 180 °C (th. 6). Beurrez un moule à cake. Coupez le bacon en lanières et faites-le dorer légèrement à sec dans une poêle à revêtement antiadhésif. Faites fondre le beurre. Ciselez la ciboulette.

2 Versez la farine et la levure dans un saladier, ajoutez très peu de sel et du poivre. Battez les œufs avec le lait dans un bol, versez sur la farine en fouettant pour obtenir une pâte lisse, puis ajoutez le beurre, les trois quarts du comté, les lanières de bacon, les morceaux de tomate et la ciboulette.

3 Versez la pâte dans le moule, saupoudrez avec le reste de comté et faites cuire pendant 45 minutes. Laissez reposer pendant 10 minutes, démoulez et laissez tiédir sur une grille.

variante

Remplacez le bacon par des allumettes de jambon.

truc de cuisinier

Pour conserver un cake, enveloppez-le de papier d'aluminium, puis mettez-le en bas de votre réfrigérateur. Servez avec une scarole bien croquante.

Cake aux petits légumes

bon marché • facile à réaliser • préparation : 15 min • cuisson : 30 min • pour 4 à 6 personnes

1 saladier
1 plat en terre

- 100 g de farine
- 3 œufs
- 10 cl de lait
- 10 cl de crème
- 400 g de macédoine de légumes cuits
- 12 brins de ciboulette
- 2 cuil. à soupe d'huile
- sel, poivre

1 Préchauffez le four à 180 °C (th. 6). Huilez le plat. Ciselez la ciboulette.

2 Battez les œufs dans un saladier, ajoutez la farine, un peu de sel et de poivre, le lait et la crème. Fouettez pour obtenir une pâte lisse, puis incorporez la macédoine bien égouttée et la ciboulette ciselée.

3 Versez la pâte dans le plat et faites cuire pendant 25 à 30 minutes.

4 Laissez en attente pendant 15 minutes, puis mettez au réfrigérateur en attendant de servir.

variante

Remplacez la macédoine par une ratatouille de légumes (poivrons, aubergines, courgettes, tomates, oignons).

truc de cuisinier

Servez ces cakes en entrée avec un coulis de tomates à la ciboulette (recette page 8) ou une mayonnaise au citron.

Cake gruyère, tomates et olives

bon marché • facile à réaliser • préparation : 15 min • cuisson : 45 min • pour 4 à 6 personnes

1 casserole
1 saladier
1 moule à cake

200 g de farine
3 œufs
10 cl de lait
10 cl d'huile + 2 cuil. à soupe pour le moule
175 g de gruyère râpé
30 g de parmesan râpé
2 cuil. à soupe d'olives noires dénoyautées
2 cuil. à soupe de tomates séchées
poivre

1. Préchauffez le four à 180 °C (th. 6). Huilez un moule à cake.

2. Coupez les olives et les tomates en dés, farinez-les.

3. Battez les œufs dans un saladier, ajoutez la farine et mélangez. Versez le lait sans cesser de battre au fouet, puis ajoutez l'huile, les fromages, puis enfin les olives et les tomates. Poivrez et mélangez.

4. Versez la pâte dans le moule et faites cuire pendant 45 minutes. Laissez reposer quelques minutes, puis démoulez et laissez refroidir sur une grille. Servez froid.

variante
Ajoutez des dés de jambon.

truc de cuisinier
Il est préférable d'acheter un morceau de parmesan et de le râper au moment de la préparation, il sera plus goûteux.

Cake chèvre et parmesan au basilic

bon marché • facile à réaliser • préparation : 15 min • cuisson : 45 min • pour 4 à 6 personnes

1 saladier
1 moule à cake

200 g de farine
1 sachet de levure
3 œufs
10 cl d'huile d'olive + 2 cuil. à soupe pour le moule
10 cl de vin blanc sec
200 g de chèvre
50 g de parmesan
6 branches de basilic
sel, poivre

1 Préchauffez le four à 180 °C (th. 6). Huilez un moule à cake. Coupez le fromage de chèvre en petits dés. Effeuillez et hachez le basilic.

2 Battez les œufs dans un saladier, ajoutez la farine, la levure, un peu de sel et de poivre et le parmesan. Versez l'huile et le vin blanc en fouettant afin d'obtenir une pâte homogène.

3 Incorporez enfin les feuilles de basilic. Versez la moitié de la pâte dans le moule, répartissez les dés de chèvre et recouvrez de pâte. Faites cuire pendant 45 minutes.

4 Laissez reposer, puis démoulez et laissez tiédir sur une grille.

variante

Ajoutez des dés de tomate confite.

truc de cuisinier

Choisissez un chèvre qui ne soit pas trop sec, ou faites-le mariner dans une tasse d'huile d'olive avec du thym pendant 2 ou 3 heures avant de l'utiliser.

Cake courgettes, lardons et chèvre

bon marché • facile à réaliser • préparation : 15 min • cuisson : 45 min • pour 4 à 6 personnes

1 casserole
1 sauteuse
1 saladier
1 plat à four

150 g de farine
1 sachet de levure
3 œufs
1 fromage de chèvre bûche
3 courgettes
100 g d'allumettes de lard fumé
12 cl de lait
6 cuil. à soupe d'huile
2 cuil. à café de thym effeuillé
sel, poivre

1. Préchauffez le four à 180 °C (th. 6). Huilez un plat à four.

2. Lavez les courgettes, coupez-les en rondelles et faites-les cuire pendant 5 minutes dans de l'eau bouillante salée. Égouttez-les. Versez deux cuillerées à soupe d'huile dans une sauteuse, faites dorer les rondelles de courgette pendant 5 minutes, puis retirez-les. Mettez les lardons et faites-les dorer pendant 2 minutes en remuant. Coupez le chèvre en dés et farinez-les.

3. Cassez les œufs dans un saladier, battez-les avec un peu de sel et de poivre, ajoutez la farine, la levure puis le lait et le reste d'huile. Fouettez pour obtenir une pâte homogène, puis incorporez les courgettes, les lardons, le chèvre et le thym.

4. Versez dans le moule et faites cuire pendant 45 minutes. Démoulez au bout de 10 minutes et laissez tiédir sur une grille.

variante

Ajoutez des dés de tomate.

truc de cuisinier

Choisissez un fromage assez moelleux, car la cuisson assèche ce type de fromage.

Cakes mimolette et pistaches

bon marché • facile à réaliser • préparation : 15 min • cuisson : 30 min • pour 4 personnes

1 saladier
4 moules à cake individuels

200 g de farine
1 sachet de levure
3 œufs, 10 cl de lait
10 cl d'huile
2 cuil. à café de moutarde forte
150 g de mimolette
150 g de pistaches nature décortiquées
20 g de beurre, sel, poivre

Préchauffez le four à 180 °C (th. 6). Beurrez les moules à cake.

Coupez la mimolette en petits dés, enrobez-les de farine ainsi que les pistaches.

Mélangez dans un saladier la farine, la levure et les œufs battus avec du sel et du poivre. Ajoutez l'huile, le lait, la moutarde, puis incorporez la mimolette et les pistaches.

Versez la préparation dans les moules et faites cuire pendant 30 minutes environ.

Laissez reposer 5 minutes avant de démouler. Déposez les cakes sur une grille. Servez-les tiède.

Cakes carottes, noisettes et épices

bon marché • facile à réaliser • préparation : 15 min • cuisson : 30 min • pour 4 à 6 personnes

1 saladier
4 moules à cake individuels

200 g de farine
1 sachet de levure
3 œufs
30 g de sucre
10 cl d'huile
400 g de carottes
100 g de noisettes
1 cuil. à soupe de graines de cumin
3 pincées de cannelle
20 g de beurre, sel, poivre

Préchauffez le four à 180 °C (th. 6). Beurrez quatre moules à cake.
Pelez les carottes et coupez-les en bâtonnets. Hachez grossièrement les noisettes.

Battez les œufs dans un saladier, ajoutez la farine, la levure, le sucre, du sel et du poivre. Ajoutez l'huile, les carottes, les noisettes, le cumin, la cannelle.

Versez la préparation dans les moules et faites cuire pendant 30 minutes environ. Démoulez après avoir laissé reposer 5 minutes. Servez froid.

Cake chèvre, lardons et trois poivrons

bon marché • facile à réaliser • préparation : 15 min • cuisson : 45 min • pour 4 à 6 personnes

1 poêle
1 saladier
1 plat à four

150 g de farine
1 sachet de levure
3 œufs
10 cl d'huile d'olive + 2 cuil. à soupe pour le moule
10 cl de lait
100 g de fromage de chèvre frais
1 poivron vert
1 poivron rouge
1 poivron jaune
200 g d'allumettes de lard
2 pincées de piment d'Espelette
sel, poivre

1 Mettez les poivrons sur la grille du four et faites-les griller pendant 30 minutes en les retournant afin que la peau noircisse. Enfermez-les dans un sac en plastique pendant 10 minutes, puis pelez-les, enlevez les parties blanches et les graines. Coupez-les en dés. Coupez également le chèvre en dés. Faites dorer les lardons à sec dans une poêle à revêtement antiadhésif. Farinez les dés de chèvre et les lardons.

2 Préchauffez le four à 180 °C (th. 6). Huilez un plat à four.

3 Cassez les œufs dans un saladier, ajoutez la farine, la levure, le piment, du sel et du poivre, puis enfin le lait et l'huile. Fouettez pour que la pâte soit bien lisse. Incorporez les dés de chèvre, les lardons et les morceaux de poivron en mélangeant délicatement.

4 Versez dans le plat et faites cuire pendant 45 minutes. Laissez tiédir avant de déguster.

variante

Ajoutez des olives vertes coupées en rondelles.

truc de cuisinier

Pour huiler un moule à cake sans excès, versez un peu d'huile sur un papier absorbant et passez-le sur le fond et les parois du moule. Vous pouvez aussi utiliser un pinceau.

Cake courgettes, pistou et pignons

bon marché • facile à réaliser • préparation : 15 min • cuisson : 45 min • pour 4 à 6 personnes

1 casserole
1 saladier
1 moule à cake

200 g de farine
1 sachet de levure
3 œufs
10 cl de lait
10 cl d'huile d'olive + 2 cuil. à soupe pour le moule
2 petites courgettes
1 pot de sauce au pistou (pesto)
2 cuil. à soupe de pignons
50 g de parmesan râpé
sel, poivre

1. Préchauffez le four à 180 °C (th. 6). Huilez un moule à cake.

2. Lavez les courgettes et faites-les cuire à la vapeur pendant 10 minutes. Égouttez-les et coupez-les en dés.

3. Battez les œufs dans un saladier, incorporez la farine, la levure, un peu de sel et de poivre. Mélangez bien, puis incorporez le lait et l'huile, et enfin le parmesan, le pistou, les pignons et les dés de courgette.

4. Versez la pâte dans le moule et faites cuire pendant 45 minutes. Laissez reposer pendant quelques minutes, puis démoulez et laissez tiédir sur une grille.

variante

Remplacez les courgettes par des dés de tomate.

truc de cuisinier

Préparez vous-même le pistou en mixant quatre gousses d'ail avec 60 g de parmesan râpé, 30 g de pignons, du sel et du poivre, un bouquet de basilic et huit cuillerées à soupe d'huile d'olive.

Cake jambon, gruyère et olives

bon marché • facile à réaliser • préparation : 15 min • cuisson : 45 min • pour 4 à 6 personnes

1 saladier
1 moule à cake

200 g de farine
1 sachet de levure
3 œufs
10 cl de lait
10 cl d'huile d'olive + 2 cuil. à soupe pour le moule
150 g de talon de jambon
100 g d'olives vertes dénoyautées
100 g de gruyère râpé
sel, poivre

1. Préchauffez le four à 180 °C (th. 6). Huilez un moule à cake. Coupez le jambon et les olives en petits dés, farinez-les.

2. Battez les œufs dans un saladier, ajoutez la farine, la levure, du sel et du poivre. Ajoutez l'huile, le lait, la moitié du gruyère râpé, le jambon et les olives.

3. Versez la préparation dans le moule, saupoudrez avec le reste de gruyère râpé et faites cuire pendant 45 minutes environ.

4. Laissez reposer le cake pendant 5 minutes puis démoulez-le et laissez-le tiédir sur une grille. Servez tiède ou froid.

variante

Remplacez le jambon blanc par du jambon fumé et/ou ajoutez des petits dés de tomate confite.

truc de cuisinier

Si les olives sont très salées, blanchissez-les pendant 1 minute dans de l'eau bouillante pour les débarrasser au maximum de leur sel. Servez ce cake avec une salade verte et un coulis de tomates aux herbes (recette page 8).

Cake aux herbes

bon marché • facile à réaliser • préparation : 15 min • cuisson : 45 min • pour 4 à 6 personnes

1 saladier - 1 moule à cake

200 g de farine
1 sachet de levure , 3 œufs
1 yaourt velouté nature
10 cl d'huile d'olive
50 g de gruyère râpé
1/2 bouquet de persil - 1/2 bouquet de ciboulette - 1/2 bouquet de cerfeuil - 1/2 bouquet de coriandre
1 cuil. à soupe de moutarde à l'ancienne
sel, poivre

Préchauffez le four à 180 °C (th. 6). Huilez un moule à cake.

Battez les œufs en omelette, ajoutez le yaourt, du sel, du poivre, la moutarde, la farine et la levure. Mélangez bien.

Lavez les herbes, séchez-les, ciselez-les finement, puis ajoutez-les à la préparation, ainsi que le gruyère râpé.

Versez la préparation dans le moule et faites cuire pendant 45 minutes. Laissez en attente environ 10 minutes, puis démoulez et servez tiède ou froid.

Cake olives, romarin et tomates confites

bon marché • facile à réaliser • préparation : 15 min • cuisson : 45 min • pour 4 à 6 personnes

1 saladier - 1 moule à cake

200 g de farine
1 sachet de levure, 3 œufs
125 g d'olives vertes dénoyautées
100 g de tomates séchées
75 g de gruyère râpé
10 cl d'huile + 2 cuil. à soupe pour le moule
10 cl de vin blanc sec
2 cuil. à soupe de romarin séché
sel, poivre

Préchauffez le four à 180 °C (th. 6). Huilez un moule à cake.

Coupez les tomates séchées et les olives en petits dés. Farinez-les.

Battez les œufs dans un saladier, ajoutez la farine, la levure, du sel et du poivre. Ajoutez l'huile, le vin blanc, le gruyère, le romarin et les olives. Versez la préparation dans le moule et faites cuire pendant 45 minutes environ.

Laissez reposer 5 minutes avant de démouler et laissez refroidir.

Cake abricots et lavande

bon marché • facile à réaliser • préparation : 15 min • cuisson : 45 min • pour 4 à 6 personnes

1 saladier
1 casserole
1 moule à cake
1 poêle

200 g de farine
1 sachet de levure
3 œufs
150 g de sucre
180 g de beurre + 20 g pour le moule
8 cl de lait
600 g d'abricots mûrs
1 cuil. à café de fleurs de lavande
100 g d'amandes effilées
sel

décor :
1 brin de lavande

1 Préchauffez le four à 180 °C (th. 6). Beurrez un moule à cake.

2 Lavez et essuyez les abricots, coupez-les en lamelles et farinez-les. Faites griller les amandes à sec dans une poêle à revêtement antiadhésif. Faites fondre le beurre.

3 Battez les œufs dans un saladier, ajoutez le sucre et fouettez jusqu'à ce que le mélange blanchisse. Incorporez ensuite la farine et la levure, une pincée de sel, le beurre fondu et le lait. Ajoutez enfin les abricots, les fleurs de lavande, la moitié des amandes et mélangez délicatement.

4 Versez la pâte dans le moule, saupoudrez-la avec le reste d'amandes et faites cuire pendant 45 minutes. Laissez reposer pendant quelques minutes et démoulez. Laissez refroidir sur une grille. Vous pouvez décorer avec un brin de lavande.

variante

Remplacez les abricots frais par des abricots secs.

truc de cuisinier

Si le cake dore trop vite, recouvrez-le d'une feuille d'aluminium.

Cake gingembre et fruits confits

bon marché • facile à réaliser • préparation : 15 min • cuisson : 45 min • pour 4 à 6 personnes

1 bol
1 saladier
1 moule à cake

200 g de farine
1 sachet de levure
3 œufs
140 g de beurre + 20 g pour le moule
140 g de sucre
1 sachet de thé Earl Grey
50 g de raisins de Corinthe
100 g de fruits confits mélangés (oranges, cerises, angélique...)
2 cuil. à café de gingembre en poudre
sel

1 Préchauffez le four à 180 °C (th. 6). Beurrez un moule à cake. Préparez un thé fort dans un bol et mettez les raisins à gonfler.

2 Fouettez dans une terrine le sucre et le beurre jusqu'à ce que le mélange soit homogène. Ajoutez les œufs, puis la farine, le gingembre, une pincée de sel et la levure en mélangeant bien entre chaque ingrédient.

3 Égouttez les raisins. Enrobez-les, avec les fruits confits, de farine et incorporez-les à la pâte.

4 Versez la pâte dans le moule et faites cuire pendant 45 minutes. Laissez en attente pendant 10 minutes, puis démoulez le cake et laissez-le refroidir sur une grille.

variante

Remplacez le thé par du rhum.

truc de cuisinier

Mélangez la farine à la levure afin que la pâte lève uniformément.

Cake ananas et rhum

bon marché • facile à réaliser • préparation : 10 min • cuisson : 35 min • pour 4 à 6 personnes

2 saladiers
1 casserole
1 moule à cake

175 g de farine
1 sachet de levure
150 g de sucre
3 œufs
150 g de beurre + 20 g pour le moule
10 tranches d'ananas au sirop
4 cuil. à soupe de rhum
sel

1 Coupez les tranches d'ananas en petits morceaux, mettez-les dans un saladier avec leur jus et arrosez-les de rhum.

2 Préchauffez le four à 180 °C (th. 6). Beurrez un moule à cake.

3 Cassez les œufs dans un saladier, ajoutez le sucre, la farine, la levure et une pincée de sel. Mélangez au fouet pour obtenir une pâte homogène. Faites fondre le beurre, incorporez-le. Égouttez les morceaux d'ananas, ajoutez-les et mélangez délicatement.

4 Versez la pâte dans le moule, faites cuire pendant 35 minutes environ. Démoulez le cake, arrosez-le avec le mélange rhum/sirop et laissez-le refroidir sur une grille.

variante

Ajoutez à la pâte deux bananes écrasées et quelques raisins secs trempés dans le rhum avec les morceaux d'ananas.

truc de cuisinier

Pour vérifier la cuisson du cake, plongez la lame d'un couteau au centre, elle doit ressortir sèche. Sinon prolongez la cuisson de quelques minutes.

Cakes framboises et myrtilles

bon marché • facile à réaliser • préparation : 10 min • cuisson : 30 min • pour 4 à 6 personnes

1 saladier
1 casserole
4 moules à cake individuels

170 g de farine
1 sachet de levure
170 g de sucre
3 œufs
100 g de beurre + 20 g pour les moules
100 g de framboises
100 g de myrtilles
sel

Préchauffez le four à 180 °C (th. 6). Beurrez les moules.

Faites fondre le beurre.
Versez le sucre dans un saladier et cassez les œufs. Fouettez pour obtenir une pâte lisse puis ajoutez la farine, la levure et une pincée de sel.
Incorporez enfin le beurre fondu.

Versez la moitié de la pâte dans le moule, puis disposez les framboises et les myrtilles. Recouvrez de pâte et faites cuire pendant 45 minutes.

Laissez en attente pendant 10 minutes, puis démoulez et laissez refroidir sur une grille.

Cakes à la vanille

bon marché • facile à réaliser • préparation : 10 min • cuisson : 30 min • pour 4 à 6 personnes

1 saladier
1 casserole
4 moules à cake individuels

160 g de farine
1 sachet de levure
150 g de sucre
150 g de beurre + 20 g pour les moules
3 œufs
1 gousse de vanille
sel

Préchauffez le four à 180 °C (th. 6). Beurrez les moules. Faites fondre le beurre.

Cassez les œufs dans un saladier, ajoutez le sucre et fouettez pour obtenir une pâte homogène. Ajoutez le beurre fondu et la farine ainsi que la levure et une pincée de sel.

Ouvrez la gousse de vanille dans le sens de la longueur et prélevez les graines avec la pointe d'un couteau, ajoutez-les à la pâte et mélangez bien.
Versez la pâte dans les moules et faites cuire pendant 30 minutes. Laissez refroidir pendant 15 minutes puis démoulez et laissez refroidir sur une grille.

Coupez la gousse de vanille en quatre et plantez chaque morceau dans les cakes. Servez froid.

Cake poires, noisettes et chocolat

bon marché • facile à réaliser • préparation : 15 min • cuisson : 40 min • pour 4 à 6 personnes

1 casserole
1 saladier
1 moule à cake

100 g de farine
100 g de noisettes en poudre
1 sachet de levure
100 g de beurre + 20 g pour le moule
3 œufs
100 g de sucre
10 cl de lait
3 cuil. à soupe de pépites de chocolat noir
4 demi-poires au sirop
sel

1 Préchauffez le four à 180 °C (th. 6). Beurrez le moule.

2 Faites fondre le beurre. Égouttez les poires et coupez-les en petits morceaux. Farinez-les.

3 Versez le sucre dans un saladier, cassez les œufs et fouettez-les pour obtenir une pâte homogène. Ajoutez le beurre fondu, le lait puis la farine, la levure, une pincée de sel ainsi que les noisettes en poudre. Mélangez bien, puis incorporez les pépites de chocolat.

4 Versez la moitié de la pâte dans le moule, disposez dessus les morceaux de poire, recouvrez avec le reste de pâte et faites cuire pendant 40 minutes. Laissez reposer le cake pendant 10 minutes avant de le démouler. Laissez-le refroidir sur une grille.

variante

Remplacez les pépites de chocolat par 100 g de cacao en poudre non sucré.

truc de cuisinier

Vous pouvez faire pocher des poires épluchées pendant 20 minutes dans un sirop préparé avec 20 cl d'eau et 100 g de sucre. Servez ce cake avec un coulis de poire confectionné en mixant 3 poires cuites avec un peu de sirop et le jus d'un demi citron.

Cake pommes-raisins à la cannelle et au calvados

bon marché • facile à réaliser • préparation : 15 min • cuisson : 45 min • pour 4 à 6 personnes

1 saladier
1 moule à cake

200 g de farine
1 sachet de levure
140 g de sucre
140 g de beurre demi-sel + 20 g pour le moule
3 œufs
3 pommes reinettes
3 cuil. à soupe de raisins secs
2 cl de calvados
4 pincées de cannelle en poudre
sel

1 Préchauffez le four à 180 °C (th. 6). Beurrez le moule. Mettez les raisins dans un bol et recouvrez-les de calvados.

2 Fouettez le beurre et le sucre jusqu'à ce que le mélange blanchisse. Ajoutez les œufs battus, la farine, la levure, la cannelle et une pincée de sel. Mélangez bien.

3 Épluchez les pommes, coupez-les en petits dés, farinez-les, incorporez-les à la pâte. Égouttez les raisins, enrobez-les de farine, ajoutez-les à la pâte ainsi que le calvados.

4 Versez dans le moule et faites cuire environ 45 minutes. Vérifiez la cuisson, laissez reposer 5 minutes avant de démouler. Servez tiède.

variante

Remplacez les pommes par des poires et le calvados par de l'alcool de poires.

truc de cuisinier

Coupez les pommes en dés juste avant de les incorporer à la pâte, car elles s'oxydent rapidement au contact de l'air une fois épluchées.

Cake pépites de chocolat et zestes d'orange confits

bon marché • facile à réaliser • préparation : 15 min • cuisson : 45 min • pour 4 à 6 personnes

saladier
1 casserole
1 moule à cake

200 g de farine
1 sachet de levure
3 œufs
100 g de sucre
100 g de beurre + 20 g pour le moule
1 sachet de sucre vanillé
100 g d'écorces d'orange confites
100 g de pépites de chocolat
sel

Décor :

4 cuil. à soupe de marmelade d'orange
quelques écorces d'orange confite

1 Préchauffez le four à 180 °C (th. 6). Beurrez un moule à cake. Faites fondre le beurre.

2 Battez les œufs entiers avec une pincée de sel et le sucre jusqu'à ce que le mélange blanchisse. Ajoutez la farine, la levure, le sucre vanillé et enfin le beurre fondu. Mélangez bien, puis incorporez les pépites de chocolat. Coupez les zestes d'orange en petits morceaux et ajoutez-les.

3 Versez la pâte dans le moule, enfournez et laissez cuire pendant 45 minutes. Laissez en attente pendant 10 minutes, puis démoulez, placez sur une grille et laissez refroidir.

4 Versez la marmelade d'orange dans une casserole, faites-la chauffer pour qu'elle se liquéfie et badigeonnez-en le cake au pinceau. Déposez harmonieusement les écorces d'orange confite sur le dessus.

variante

Ajoutez des amandes effilées à la pâte.

truc de cuisinier

Vous pouvez remplacer le beurre doux par du beurre demi-sel ; dans ce cas, n'ajoutez pas de sel.

Cake citron, orange et whisky

bon marché • facile à réaliser • préparation : 15 min • cuisson : 45 min • pour 4 à 6 personnes

1 bol
1 casserole
1 saladier
1 moule à cake

200 g de farine
1 sachet de levure
140 g de sucre
140 g de beurre + 20 g pour le moule
3 œufs
1 orange non traitée
1 citron non traité
2 cuil. à soupe de whisky
sel

Râpez le zeste des fruits, mettez-le dans un bol, arrosez-le de whisky.
Préchauffez le four à 180 °C (th. 6). Beurrez un moule à cake.
Faites fondre le beurre.

Fouettez le sucre avec les œufs battus jusqu'à ce que le mélange blanchisse. Ajoutez la farine, la levure, une pincée de sel et le beurre fondu. Mélangez pour obtenir une pâte homogène, puis incorporez les zestes avec le whisky.

Versez la préparation dans le moule et faites cuire environ 45 minutes. Laissez reposer quelques minutes, puis démoulez et laissez refroidir sur une grille.

Servez à température ambiante.

Cake à la noix de coco

bon marché • facile à réaliser • préparation : 10 min • cuisson : 45 min • pour 4 à 6 personnes

1 saladier
1 moule à cake

100 g de farine
1 sachet de levure
140 g de sucre
3 œufs
140 g de beurre mou + 20 g pour le moule
150 g de noix de coco râpée
3 gouttes d'extrait de vanille
sel

Préchauffez le four à 180 °C (th. 6). Beurrez le moule.

Fouettez le sucre et le beurre, ajoutez les œufs battus, la farine et la levure, une pincée de sel, l'extrait de vanille et la moitié de la noix de coco. Mélangez bien.

Versez dans le moule, saupoudrez avec le reste de noix de coco et faites cuire pendant 45 minutes environ. Vérifiez la cuisson, puis laissez reposer 5 minutes avant de démouler. Laissez refroidir sur une grille.

Cake abricots et amandes

bon marché • facile à réaliser • préparation : 15 min • cuisson : 55 min • pour 4 à 6 personnes

1 casserole
1 saladier
1 moule à cake
1 poêle

200 g de farine
1 sachet de levure
150 g de sucre
20 g de beurre
3 œufs
8 abricots mûrs
4 cuil. à soupe d'amandes entières
sel
décor :
4 cuil. à soupe de marmelade d'abricots
2 cuil. à soupe d'amandes effilées

1 Préchauffez le four à 180 °C (th. 6). Beurrez un moule à cake.

2 Versez 50 g de sucre dans une casserole, arrosez avec 20 cl d'eau et faites cuire à feu doux pendant 10 minutes. Pendant ce temps, dénoyautez les abricots et coupez-les en morceaux, puis mettez-les dans le sirop. Laissez cuire pendant 10 minutes, puis égouttez-les.

3 Cassez les œufs dans un saladier, ajoutez le sucre et fouettez pour obtenir une pâte lisse, puis incorporez la farine, la levure, une pincée de sel, les morceaux d'abricot et les amandes entières. Mélangez bien et versez dans le moule. Faites cuire pendant 45 minutes. Laissez reposer pendant 10 minutes puis démoulez et laissez refroidir.

4 Versez la marmelade dans une casserole, faites chauffer pour la liquéfier. Faites griller les amandes effilées à sec dans une poêle à revêtement antiadhésif. Recouvrez le cake de marmelade et saupoudrez d'amandes effilées.

variante

Remplacez la moitié de la farine par des amandes en poudre.

truc de cuisinier

Ne conservez pas les amandes trop longtemps dans votre placard car elles rancissent assez vite. Vérifiez la date limite de consommation.

Cake chocolat et épices

bon marché • facile à réaliser • préparation : 15 min • cuisson : 45 min • pour 4 à 6 personnes

1 bol
1 saladier
1 moule à cake

200 g de chocolat noir

200 g de farine

1 sachet de levure

3 œufs

100 g de beurre + 20 g pour le moule

80 g de sucre roux

1/2 cuil. à soupe d'épices pour pain d'épice

sel

décor :

1 bâton de cannelle ou de vanille

1 Préchauffez le four à 180 °C (th. 6). Beurrez le moule à cake.

2 Cassez le chocolat en morceaux et faites-le fondre avec le beurre au micro-ondes ou au bain-marie.

3 Fouettez les œufs entiers avec le sucre et une pincée de sel jusqu'à ce que le mélangea blanchisse. Ajoutez la farine, la levure, les épices, mélangez bien puis incorporez le chocolat fondu.

4 Versez dans le moule et faites cuire pendant environ 45 minutes. Démoulez et laissez refroidir sur une grille. Décorez avec un petit morceau de bâton de cannelle ou de vanille.

variante

Remplacez le sucre par deux cuillerées à soupe de miel.

truc de cuisinier

Le mélange d'épices comprend de la cannelle, du gingembre, du clou de girofle, de l'anis, de la noix de muscade, et du quatre-épices. Goûtez la pâte pour savoir si le dosage des épices vous convient et ajoutez-en, pincée par pincée, pour avoir le dosage qui vous convient.

Cake pruneaux et zestes d'orange

bon marché • facile à réaliser • préparation : 15 min • cuisson : 45 min • pour 4 à 6 personnes

1 saladier

1 moule à cake

200 g de farine

1 sachet de levure

140 g de sucre

140 g de beurre + 20 g pour le moule

3 œufs

8 pruneaux dénoyautés

100 g de zestes d'orange confits

sel

1 Préchauffez le four à 180 °C (th. 6). Beurrez un moule à cake. Coupez les pruneaux et les zestes en petits morceaux. Farinez-les.

2 Fouettez le sucre avec le beurre jusqu'à ce que le mélange mousse, puis incorporez la farine, la levure, une pincée de sel et les œufs battus. Mélangez bien pour obtenir une pâte homogène puis ajoutez les zestes d'orange et les pruneaux.

3 Versez la pâte dans le moule et faites cuire environ 45 minutes. Laissez reposer 5 minutes avant de démouler. Servez tiède ou froid.

variante

Remplacez les pruneaux par des dattes.

truc de cuisinier

Lorsque le cake est froid, vous pouvez l'envelopper de film alimentaire et le congeler. Laissez-le décongeler à température ambiante, puis passez-le au four à 120 °C (th. 4) pendant 5 minutes avant de le déguster.

Cake orange et grains de sucre

bon marché • facile à réaliser • préparation : 15 min • cuisson : 45 min • pour 4 à 6 personnes

1 saladier

1 casserole

1 moule à cake

200 g de farine

1 sachet de levure

3 œufs, 2 oranges

150 g de beurre + 20 g pour les moules.

120 g de sucre en poudre

décor :

3 cuil. à soupe de sucre en grains

4 cuil. à soupe de marmelade d'oranges

Préchauffez le four à 180 °C (th. 6). Beurrez le moule.

Cassez les œufs dans un saladier, ajoutez le sucre et fouettez pour obtenir une pâte homogène. Faites fondre le beurre, ajoutez-le, puis incorporez la farine et la levure.

Pressez les oranges, versez le jus dans la pâte et mélangez bien. Versez la pâte dans le moule et faites cuire pendant 45 minutes. Démoulez-le.

Faites tiédir la marmelade d'oranges pour la liquéfier. Badigeonnez-en le cake au pinceau, puis parsemez-les de grains de sucre. Laissez refroidir avant de déguster.

Cake kirsch et griottes

bon marché • facile à réaliser • préparation : 15 min • cuisson : 45 min • pour 4 à 6 personnes

1 saladier

1 moule à cake

200 g de farine

1 sachet de levure

150 g de beurre mou + 20 g pour le moule

100 g de sucre

3 œufs

250 g de griottes au sirop

2 cuil. à soupe de kirsch

sel

Préchauffez le four à 180 °C (th. 6). Beurrez le moule à cake.

Égouttez les griottes en conservant leur sirop, farinez-les.

Travaillez le beurre mou avec le sucre dans un saladier jusqu'à ce que la pâte fasse un ruban, puis incorporez les œufs entiers. Mélangez bien et ajoutez la farine, la levure et une pincée de sel. Lorsque la pâte est homogène, versez les griottes, leur sirop et le kirsch.

Versez la pâte dans le moule. Enfournez et laissez cuire pendant 45 minutes. Laissez reposer quelques minutes, puis démoulez et laissez refroidir sur une grille.

Cake marbré au chocolat

bon marché • facile à réaliser • préparation : 10 min • cuisson : 30 min • pour 4 à 6 personnes

1 bol
1 casserole
2 saladiers
1 moule à cake

200 g de farine
3 œufs
150 g de sucre en poudre
2 sachets de sucre vanillé
150 g de chocolat noir
125 g de beurre + 20 g pour le moule
sel

1 Préchauffez le four à 180 °C (th. 6). Beurrez un moule à cake. Faites fondre le chocolat au micro-ondes ou au bain-marie. Faites fondre le beurre.

2 Cassez les œufs en séparant les blancs des jaunes. Dans un saladier, fouettez les jaunes avec le sucre jusqu'à ce que le mélange blanchisse. Ajoutez la farine, une pincée de sel et le beurre. Battez les blancs d'œufs en neige ferme avec une pincée de sel, incorporez-les délicatement au mélange.

3 Séparez la pâte en deux parties. Versez le chocolat fondu dans le premier saladier, ajoutez le sucre vanillé dans le second. Versez dans le moule alternativement un peu de pâte à la vanille puis un peu de pâte au chocolat.

4 Faites cuire pendant 30 minutes. Démoulez le cake et laissez-le refroidir sur une grille.

variante

Ajoutez au chocolat quelques gouttes d'extrait de café.

truc de cuisinier

Accompagnez ce cake d'une sauce moka préparée en délayant deux jaunes d'œufs avec 25 cl de café très fort sucré et en portant le mélange à ébullition avec 10 cl de crème fleurette.

Cakes poires vanille

bon marché • facile à réaliser • préparation : 15 min • cuisson : 20 min • pour 4 à 6 personnes

1 saladier

1 casserole

1 plaque de moules à financiers

200 g de farine

1 sachet de levure chimique

3 œufs

100 g de sucre

180 g de beurre + 20 g pour les moules

8 cl de lait

3 poires

1 citron

1 gousse de vanille

1 cuil. à café de vanille liquide

sel

1. Préchauffez le four à 180 °C (th. 6). Beurrez les moules à financiers.

2. Pressez le citron. Épluchez les poires, coupez-les en dés et citronnez-les.
Faites fondre le beurre. Ouvrez la gousse de vanille en deux dans le sens de la longueur.

3. Battez les œufs dans un saladier, ajoutez le sucre et fouettez jusqu'à ce que le mélange blanchisse.
Incorporez ensuite la farine et la levure, une pincée de sel, les grains de la gousse de vanille, la vanille liquide, le beurre fondu et le lait. Ajoutez enfin les dés de poire et mélangez délicatement.

4. Versez la pâte dans les moules et faites cuire pendant 20 minutes. Laissez reposer pendant quelques minutes et démoulez. Laissez refroidir sur une grille.

variante

Ajoutez des pépites de chocolat.

truc de cuisinier

Servez avec une sauce au chocolat préparée en faisant fondre 125 g de chocolat avec 20 g de beurre et 30 g de sucre.

Cake glacé au citron

bon marché • facile à réaliser • préparation : 25 min • cuisson : 45 min • pour 4 à 6 personnes

2 casseroles
1 saladier
1 moule à cake

200 g de farine
1 sachet de levure
3 œufs
150 g de sucre
200 g de beurre + 20 g pour le moule
1 citron non traité
1 pot de marmelade d'abricots
300 g de sucre glace
2 cuil. à soupe de rhum
sel

1. Préchauffez le four à 180 °C (th. 6). Beurrez un moule à cake. Prélevez le zeste du citron avec un couteau économe et râpez-le.

2. Faites fondre le beurre. Mélangez dans une terrine les œufs entiers avec le sucre jusqu'à ce que le mélange blanchisse. Incorporez la farine, la levure, une pincée de sel, le beurre fondu et le zeste râpé en conservant 2 cuillerées à café pour le décor.

3. Versez la pâte dans le moule et faites cuire pendant 45 minutes environ. Vérifiez la cuisson, laissez reposer pendant 5 minutes puis démoulez et laissez refroidir sur une grille.
Faites tiédir la marmelade. Enduisez le cake sur toutes ses faces, renouvelez l'opération plusieurs fois.

4. Préparez le glaçage en faisant fondre à feu doux le sucre glace dans 10 cl d'eau aromatisée de rhum. Retirez avant l'ébullition. Passez sur le cake au pinceau en plusieurs applications en laissant sécher le glaçage. Servez à température ambiante. Parsemez d'un peu de zeste de citrons rapé.

variante

Remplacez le citron par une orange.

truc de cuisinier

Lavez les fruits non traités avant de prélever leur zeste afin d'éliminer la pellicule qui les recouvre.

Cake figues et noix

bon marché • facile à réaliser • préparation : 15 min • cuisson : 45 min • pour 4 à 6 personnes

1 saladier
1 casserole
1 moule à cake

200 g de farine
1 sachet de levure
140 g de beurre + 20 g pour le moule
100 g de sucre
3 œufs - 2 yaourts nature
100 g de figues sèches
100 g de cerneaux de noix
sel

Préchauffez le four à 180 °C (th. 6). Beurrez un moule à cake.
Faites fondre le beurre.

Mélangez dans une terrine la farine, la levure et les œufs battus avec le sucre et une pincée de sel.

Coupez les figues et les cerneaux de noix en petits morceaux, farinez-les. Ajoutez le beurre, les yaourts, les figues et les noix.

Versez la préparation dans le moule et faites cuire pendant 45 minutes environ. Laissez reposer 5 minutes avant de démouler. Servez tiède.

Cake fruits rouges et pavot

bon marché • facile à réaliser • préparation : 15 min • cuisson : 45 min • pour 4 à 6 personnes

1 casserole
1 saladier
1 moule à cake

200 g de farine
1 sachet de levure - 3 œufs
100 g de sucre
180 g de beurre + 20 g pour le moule
8 cl de lait
300 g de fruits rouges mélangés
2 cuil. à soupe de graines de pavot
sel

Préchauffez le four à 180 °C (th. 6). Beurrez un moule à cake.
Faites fondre le beurre.

Battez les œufs avec le sucre et une pincée de sel, puis ajoutez la farine et la levure, le lait et le beurre fondu. Mélangez bien pour obtenir une pâte homogène, puis incorporez les graines de pavot et les fruits. Mélangez très délicatement et versez dans le moule.

Faites cuire pendant 45 minutes environ. Laissez reposer et démoulez. Laissez refroidir sur une grille.

Cake citron et zestes confits

bon marché • facile à réaliser • préparation : 15 min • cuisson : 1 heure • pour 4 à 6 personnes

1 saladier
1 casserole
1 moule à cake

150 g de farine
1 sachet de levure
200 g de sucre
3 œufs
100 g de beurre + 20 g pour les moules
100 g de crème
2 citrons non traités
10 cl de sirop de sucre de canne

1 Prélevez le zeste des citrons avec un couteau économe, coupez-le en fines lanières. Mettez-les dans une casserole, recouvrez-les d'eau, portez-la à ébullition, égouttez-les, puis rafraîchissez-les sous l'eau froide. Renouvelez l'opération deux fois. Remettez les zestes dans la casserole, couvrez-les avec le sirop de sucre et laissez cuire pendant 20 minutes à feu très doux. Laissez refroidir.

2 Préchauffez le four à 180 °C (th. 6). Beurrez le moule. Pressez un citron.

3 Cassez les œufs dans un saladier, fouettez-les avec le sucre, puis incorporez la farine et la levure en battant au fouet. Faites fondre le beurre, ajoutez-le ainsi que la crème et le jus de citron. Coupez quelques zestes confits en petits morceaux, ajoutez-les à la pâte.

4 Versez la pâte dans le moule et faites cuire pendant 40 minutes. Démoulez le cake, laissez-le à refroidir sur une grille. Déposez quelques zestes de citron.

variante

Remplacez les citrons par des oranges.

truc de cuisinier

Arrosez le cake encore tiède de liqueur de citron.

Cake choco-noisettes

bon marché • facile à réaliser • préparation : 15 min • cuisson : 45 min • pour 4 à 6 personnes

1 saladier
1 casserole
1 moule à cake

200 g de farine
1 sachet de levure
140 g de sucre
3 œufs
140 g de beurre + 20 g pour le moule
75 g de pépites de chocolat
75 g de noisettes concassées
sel

1 Préchauffez le four à 180 °C (th. 6). Beurrez un moule à cake. Faites fondre le beurre.

2 Fouettez dans un saladier les œufs battus avec le sucre pour obtenir un mélange homogène. Ajoutez la farine, la levure, le beurre fondu et une pincée de sel. Mélangez bien puis incorporez les pépites de chocolat et les noisettes concassées.

3 Versez la préparation dans le moule, faites cuire pendant 45 minutes. Laissez reposer 10 minutes.

4 Démoulez le cake, déposez-le sur une grille et laissez refroidir avant de servir.

variante

Remplacez les noisettes par du pralin.

truc de cuisinier

Si vous ne trouvez pas de pépites de chocolat dans le commerce, coupez une tablette de chocolat en éclats avec un bon couteau.

Cake orange, rhum et gingembre confit

bon marché • facile à réaliser • préparation : 15 min • cuisson : 45 min • pour 4 à 6 personnes

1 saladier
1 moule à cake

200 g de farine
1 sachet de levure
3 œufs
140 g de sucre
20 g de beurre pour le moule
8 cl de lait
4 cl de jus d'orange
2 cl de rhum
2 cuil. à soupe de zestes d'orange confits
2 cuil. à soupe de gingembre confit
sel

1 Préchauffez le four à 180 °C (th. 6). Beurrez un moule à cake.

2 Coupez le gingembre confit et les zestes d'orange en petits dés, farinez-les.

3 Battez les œufs et le sucre pour obtenir une pâte blanche et mousseuse. Ajoutez la farine, la levure, le lait, le rhum, le jus d'orange et une pincée de sel. Mélangez bien. Incorporez les zestes d'orange et les morceaux de gingembre.

4 Versez la pâte dans le moule, enfournez et laissez cuire 45 minutes environ. Laissez en attente quelques minutes avant de démouler. Servez à température ambiante.

variante

Remplacez le rhum par du Grand-Marnier.

truc de cuisinier

À la cuisson, il est normal que le dessus du cake se fende. Vous pouvez même pratiquer une incision sur la longueur du cake avec un couteau mouillé au bout de 10 minutes de cuisson afin d'accentuer l'ouverture.

Cake aux noix

bon marché • facile à réaliser • préparation : 15 min • cuisson : 50 min • pour 4 à 6 personnes

1 saladier
1 moule à cake

200 g de farine
1 sachet de levure
100 g de sucre
1 œuf
2 dl de lait
175 g de cerneaux de noix
20 g de beurre
sel

Préchauffez le four à 180 °C (th. 6). Beurrez un moule à cake.

Mélangez dans un saladier la farine, la levure, le sucre, une pincée de sel et l'œuf battu. Ajoutez le lait et les cerneaux de noix grossièrement concassés. Mélangez bien.

Versez la préparation dans le moule et faites cuire pendant 50 minutes environ.

Laissez reposer 5 minutes puis démoulez et déposez sur une grille. Laissez refroidir avant de déguster.

Cake abricots secs et dattes

bon marché • facile à réaliser • préparation : 15 min • cuisson : 45 min • pour 4 à 6 personnes

1 saladier
1 moule à cake

200 g de farine
1 sachet de levure
140 g de sucre
140 g de beurre mou + 20 g pour le moule
3 œufs
8 abricots secs
8 dattes
sel

Coupez les abricots et les dattes en petits morceaux, farinez-les.

Préchauffez le four à 180 °C (th. 6). Beurrez un moule à cake.

Fouettez le sucre avec le beurre jusqu'à ce que le mélange blanchisse. Ajoutez la farine, la levure, une pincée de sel et les œufs battus. Mélangez pour obtenir une pâte homogène. Incorporez les morceaux de fruits secs.

Versez la préparation dans le moule et faites cuire environ 45 minutes. Laissez reposer 5 minutes puis démoulez. Servez à température ambiante.

Index des recettes

Cakes salés

Cakes sucrés

Infos mesures

	1 cuil. à café rase	1 cuil. à soupe rase
Beurre	4 g	12 g
Eau	0,5 cl	1,5 cl
Farine	5 g	15 g
Huile	5 g	16 g
Miel	5 g	18 g
Riz	6 g	20 g
Sel	5 g	15 g
Sucre	6 g	20 g